Sprechen
Schreiben
Mitreden

Kommentierter Lösungsschlüssel

von
Jo Glotz-Kastanis
Doris Tippmann

Πεντέλης 31, 153 43 Αγ. Παρασκευή - Αθήνα
Τηλ. 210 600 7803-4   Fax 210 600 7800
E-Mail: info@karabatos.gr

Das Werk und seine Teile sind urheberrechtlich geschützt.
Jede Verwertung in anderen als den gesetzlich zugelassenen Fällen
bedarf deshalb der vorherigen schriftlichen Einwilligung des Verlages.

2. Auflage 2006

© 2002 CHR. KARABATOS - Verlag, Athen

Verlagsredaktion: Manuela Georgiakaki
Umschlaggestaltung: TextMedia, Erdmannhausen
Layout und Gestaltung, Satz: TextMedia, Erdmannhausen

Printed in Greece
ISBN 960-7507-47-9

1. Freizeit

1

Lösungsvorschlag: Fußball, Tennis, Basketball, Wandern, Ausgehen

4

Lösungsvorschlag: kommerzielle Nutzung der Freizeit durch Vergnügungsparks bzw. durch Industrie, die Produkte und Kleidung für die Freizeit herstellt

6

a) gekommen   b) finden   c) nehmen   d) schließen   e) besteht   f) versetzen

7

a) Die Freizeit der arbeitenden Bevölkerung müsste/dürfte sich in den nächsten Jahren weiter erhöhen.
b) Du solltest in deiner Freizeit Sport treiben, damit du Kontakt zu anderen Gleichaltrigen bekommst.
c) Die Basketball-Jugendmannschaft hätte einen jüngeren Trainer einstellen sollen.
d) Bald soll ein neues Jugendfreizeitheim eröffnet werden, das allen Jugendlichen von 10 bis 18 Jahren kostenlos zur Verfügung steht.
e) Die Jugendministerin hat keine Programme für die sinnvolle Freizeitgestaltung der Schüler entwickeln können.
f) Er will im letzten Jahr mehr als 3000 Euro für sein Hobby ausgegeben haben.

8

a) Nach dem Besuch der Grundschule war seine liebste Freizeitbeschäftigung Bücher zu lesen.
b) Trotz des Wunsches aller nach Arbeitszeitverkürzung wissen viele Arbeitnehmer nicht, was sie mit der zusätzlichen Freizeit anfangen sollen. / Trotz des Wunsches aller Arbeitnehmer nach Arbeitszeitverkürzung wissen viele nicht, was sie mit der zusätzlichen Freizeit anfangen sollen.
c) Bei plötzlichem Wetterwechsel müssen die Bergsteiger schnell Schutz suchen.
d) Vor dem Beginn des eigentlichen Trainings müssen die Mädchen zehn Minuten lang Aufwärmgymnastik machen.
e) Wegen der Beliebtheit des Drachenfliegens als Sportart gibt es jetzt auch Zeitschriften über dieses Hobby.
f) Ich nehme zum Trainieren/Training für das Skifahren im Winter an einem Skigymnastikkurs teil.

9

a) Vergnügen   b) Lieblingsbeschäftigung   c) Zeitvertreib   d) Hobby   e) Unterhaltung   f) Amüsement

Erklärungen dazu:

Amüsement (das, -s) – meist lustige Aktivität, die jdn. unterhält und bei der man selbst nicht aktiv werden muss
Zum Amüsement der Hotelgäste trat jeden Abend ein Clown auf.

Hobby (das, -s) – Freizeitbeschäftigung, die einem Freude macht und regelmäßig betrieben wird
Seit ihrer Kindheit ist Balletttanz ihr Hobby.

Lieblingsbeschäftigung (die, -en) – Beschäftigung, die jemand am liebsten macht
Kochen gehörte nicht zu ihren Lieblingsbeschäftigungen, aber sie musste es jeden Tag tun.

1. Freizeit / 2. Sport

Unterhaltung (die) – angenehme Art und Weise, seine Zeit zu verbringen
Bei der Konferenz wurden zur Unterhaltung der Teilnehmer während der Konferenzpausen zwei Komiker engagiert.

Vergnügen (das, -) – Gefühl der Freude, wenn man auf angenehme Weise seine Zeit verbringt
Es war für uns alle ein großes Vergnügen, den Jahrmarkt zu besuchen.

Zeitvertreib (der) – was man in seiner Freizeit macht / irgendeine Aktivität, die man tut, damit die Zeit vergeht
Für den Schüler war das Surfen im Internet nur ein Zeitvertreib. Er befasste sich nie mit Themen, die für die Schule wichtig waren.

10

a) Ich diskutiere in meiner Freizeit gern mit meinem Nachbarn, einem sehr belesenen und interessanten jungen Mann.
b) Die Expedition beschloss, auf den K2, einen der Gipfel im Everest-Gebirge, zu steigen.
c) Viele Besucher Delphis übersehen das Apollonheiligtum, eine etwas abseits liegende Anlage.
d) Wir essen heute Rouladen mit Kartoffeln, mein Lieblingsessen.
e) Das Museum, ein für sein Alter sehr gut erhaltenes Gebäude, soll nun renoviert werden.
f) In ein paar Tagen fahre ich in die Dominikanische Republik, das Land meiner Träume.

2. Sport

1

Lösungsvorschlag: Menschen zeitweilig von weniger erfreulichen Themen der Landes- oder Weltpolitik ablenken, Stärkung des Selbstwertgefühls einer Nation, bessere Verständigung zwischen den Ländern

2

Tradition seit der Antike, Idee des weltweiten Friedens während der Spiele, Internationalität

3

Lösungsvorschlag: der Wettkampf vieler Nationen auf „faire" Weise, das weltweit gemeinsame Erleben eines Sportereignisses, Aufstellen neuer Weltrekorde

5

a) Sportler, die unerlaubt Hormone und medizinische Präparate nehmen, setzen ihre Karriere aufs Spiel.
b) Zahlreiche Reporter erstatteten über den Schwimmwettkampf Bericht.
c) Die Wasserballmannschaft fühlte sich von ihrem Trainer im Stich gelassen.
d) Für die Gewinner ging ein Traum in Erfüllung.
e) Die Sportler machten den Vorschlag, die Sportkleidung zu verändern.
f) Der Unfall des Leichtathleten hatte eine negative Wirkung auf die Motivation der anderen Sportler.

6

a) Der Zehnkampf stellt höchste Anforderungen an die Sportler.
b) Sportler müssen immer Vertrauen in ihren Trainer haben.
c) Die deutschen Schwimmerinnen gerieten mehrfach durch Doping in Verruf.

2. Sport / 3. Tourismus

d) Der Athlet steckte am Anfang des Wettkampfes eine bittere Niederlage ein.
e) Die Marathonläuferin hatte keine Kraft mehr, den Wettkampf zu beenden.
f) Starkes Training kann bei (den) Ruderern Gelenkerkrankungen hervorrufen.

7

a) traf ... die Entscheidung / kam ... zu der Entscheidung / entschied ... sich (dafür)
b) entschied sich
c) entschied sich
d) festgelegt / festgesetzt / bestimmt
e) eine Entscheidung treffen / zu einer Entscheidung kommen
f) festgesetzt / festgelegt / bestimmt

8

a) Dank der kurzfristigen Zusage
b) Damit Renovierungsarbeiten im alten Stadion
c) Obwohl der Austragungsort der Wettkämpfe kritisiert wurde / kritisiert worden war
d) sich über ein gutes Ergebnis zu freuen
e) Nach Angaben der Zeitung
f) Während der Sieger geehrt wird

9

Lösungsvorschlag: es heißt / es mangelt an / es handelt sich um / es gibt / es verhält sich / es geht um / es kommt auf ... an / es bedarf / es läuft darauf hinaus

10

a) Dass der Spieler zu einer anderen Mannschaft wechselt, heißt es in den Sportnachrichten. – *„es" ist obligatorisch*
b) Dass alle Schiedsrichter neutral sind, ist wichtig. – *„es" ist wortstellungsabhängig*
c) Dass die Sportlerin erst seit vier Jahren an Wettkämpfen teilnimmt, muss besonders beachtet werden. – *„es" ist wortstellungsabhängig*
d) Um erfolgreich internationale Wettkämpfe vorzubereiten, bedarf es heutzutage einer perfekten Planung. – *„es" ist obligatorisch*

3. Tourismus

1

Pauschale Reiseangebote für eine große Anzahl von Personen, bei denen individuelle Unterschiede oder Wünsche nicht oder nur in geringem Maße berücksichtigt werden (≈ Pauschalreise ↔ Individualtourismus)

2

Lösungsvorschlag: Orte mit günstigem Anschluss an Flughafen, Hafen, Hauptverkehrsstraßen / am Meer / große abgrenzbare Fläche

3. Tourismus

3

Wirtschaft, Infrastruktur, Kultur, Arbeitsmarkt, Freizeitangebot, internationale Beziehungen

4

Lösungsvorschlag: hoher Freizeitwert, günstige geographische Lage (Meer, Berge, Schneegebiet usw.), Natur, gute Freizeitmöglichkeiten, warmes Klima, stabile politische Verhältnisse (keine offenen Konflikte), gutes Preis-Leistungsverhältnis

5

Tourismus, der ökologische und kulturelle Aspekte berücksichtigt / Tourismus, der nicht die natürliche und/oder soziale Umwelt zerstören will

7

a) verschönern   b) sinkt   c) zentral gelegene   d) vernichten / zerstören / abbauen   e) ausländisch / fremd

8

a) Die Hotelanlage wurde 2001 offiziell in Betrieb genommen.
b) Der Busfahrer führte ein angeregtes Gespräch mit seinen Reisegästen.
c) Man sollte auf die Landessitten Rücksicht nehmen.
d) Die Reisenden wussten über die Landesgeschichte gut Bescheid.
e) Dem unzufriedenen Gast wurde vom Hotel eine Entschädigung in Aussicht gestellt.
f) Die Touristen nehmen von den an der Straße bettelnden Kindern keine Notiz.

9

a) Die steigende Zahl der Touristen kann einen negativen Einfluss auf die Sitten und Gebräuche der Einheimischen haben.
b) Der Bedarf an Arbeitskräften nimmt während/in der Hochsaison zu.
c) In Berlin findet jährlich unter Teilnahme zahlreicher Länder die größte Tourismusmesse statt. / Die größte Tourismusmesse findet jährlich unter Teilnahme zahlreicher Länder in Berlin statt.
d) Der Tourismus ist ein attraktiver Arbeitsbereich für Teilzeitkräfte, besonders während/in der Hauptsaison in strukturschwachen Gebieten. / Der Tourismus ist für Teilzeitkräfte besonders während/in der Hauptsaison und in strukturschwachen Gebieten ein attraktiver Arbeitsbereich.

10

Lösungsvorschlag: eine Frage bejahen / verneinen / ignorieren / klären / stellen / überhören / aufwerfen / anschneiden / diskutieren

11

a) = ganz sicher sein
b) = (nicht) möglich sein / (k)eine mögliche Lösung sein
c) = ganz sicher / zweifellos
d) = ein begehrtes Produkt
e) = ein Kaufwunsch / das Fragen nach einer Ware
f) = Bitte um Auskunft
g) = eine Frage stellen / auf ein Problem hinweisen

h) = jdm. eine Frage stellen
i) = unsicher / zweifelhaft
j) = anzweifeln / etwas als ungewiss kennzeichnen

12

a) ab b) kraft c) dank d) jenseits e) Entgegen f) innerhalb g) inmitten h) ab i) Innerhalb
j) innerhalb

4. Stadt und Land

1

Lösungsvorschlag:
Land: Tiere, Natur, Ruhe, Langeweile, Abgeschiedenheit, Dorfgemeinschaft, gesunde Nahrungsmittel
Stadt: viele Geschäfte, großes Freizeit- und Stellenangebot, viel Verkehr, Umweltbelastung, Anonymität

2

Lösungsvorschlag: Arbeitsplatz, Ausbildungsangebot, Verkehrsverbindungen, finanzielle Situation, Nähe zu Freunden und Verwandten, Familiensituation

3

Lösungsvorschlag: ruhige oder zentrale Lage, großes Kulturangebot, gute Verkehrsverbindungen, Natur, nah gelegene Einkaufsmöglichkeiten

6

Lösungsvorschlag: das Stadtarchiv, der Stadtbezirk, das Stadtbild, die Stadtflucht, das Stadtgespräch, der Stadtkern, der Stadtkreis, die Stadtmauer, die Stadtmitte, der Stadtplan, die Stadtplanung, der Stadtrand, der Stadtrat, das Stadttheater, das Stadttor, das Stadtviertel

7

a) Das Kind zog die Katze am Schwanz.
b) Wir sind am 1. Januar in die neue Wohnung eingezogen.
c) Am 31. Dezember zogen die Vormieter aus der Wohnung aus.
d) Babys können sich weder allein anziehen noch allein ausziehen.
e) Meine Tante zieht die Katzenbabys groß.
f) Der Zirkus zog nach der letzten Vorstellung weiter.
g) Es zog durch die geöffneten Fenster.
h) Der Richter zog die Aussage des Zeugen in Zweifel.
i) Du solltest ihn richtig kennen lernen und nicht aus seiner Kleidung Schlüsse ziehen.

8

a) von ... auf b) um c) an d) in e) An ... an f) auf

4. Stadt und Land / 5. Ehe und Familie

9

a) Auf dem Land sind die Menschen stärker an nachbarschaftlichen Kontakten interessiert.
b) Ältere Menschen kritisieren, dass die Stadt zu laut ist.
c) Wegen der besseren medizinischen Versorgung ziehen es manche Leute vor, in der Stadt zu leben.
d) Der Schriftsteller erhofft sich vom Landleben Ruhe und Abgeschiedenheit. / Schriftsteller erhoffen sich vom Landleben Ruhe und Abgeschiedenheit.
e) Nach langem Zögern entschied sich die Familie ins Grüne zu ziehen.
f) Viele Studenten schätzen das große kulturelle Angebot, welches/das ihnen in der Großstadt zur Verfügung steht.

10

a) etwas b) so c) selbst d) durchaus e) beinahe f) zu g) höchst h) recht i) bereits j) etwa

5. Ehe und Familie

1

Lösungsvorschlag: Liebe, Wunsch nach Kindern, Wunsch nach permanenter Partnerschaft

2

Lösungsvorschlag:
Untreue, neue Partner, häufige Streitereien, Uneinigkeit über die Erziehung der Kinder oder Finanzielles, unerfüllter Kinderwunsch
früher: Scheidung war schwieriger und hatte gravierende gesellschaftliche Konsequenzen

4

a) Durch das Zusammenleben kommen zahlreiche Eigenheiten des Partners zum Vorschein.
b) Unabhängige Menschen fassen nur schwer den Entschluss zu einer festen Bindung.
c) Mit der Eheschließung wird der Wille zur Bindung zum Ausdruck gebracht. / Die Eheschließung bringt den Willen zur Bindung zum Ausdruck.
d) Viele Menschen üben an dem fehlenden Familiensinn der jungen Generation Kritik.
e) Manche jungen Leute empfinden/haben Furcht vor einer festen Bindung.
f) Vor hundert Jahren kam nur für wenige Ehepaare eine Scheidung in Frage, wenn sie sich schlecht verstanden.

5

a) Nach einigen Jahren war es den Ehepartnern klar, dass sie mit ihrer Heirat einen Fehler begangen hatten.
b) Es ist nicht einfach, eine glückliche Ehe zu führen.
c) In einem Leben zu zweit schenkt der eine dem anderen Vertrauen.
d) Junge Paare nehmen oft bei der Bank einen Kredit zur Haushaltsgründung auf.
e) Bei/Wegen Geldproblemen geraten die Ehepartner manchmal miteinander in Konflikt.
f) Die Kirche stellt die Institution Ehe unter ihren Schutz.

6

richtiges Wort:
a) Trauung b) Ehe c) Hochzeit d) Heirat e) Trauung f) Eheschließung

5. Ehe und Familie / 6. Schule

Erklärungen dazu:

Hochzeit (die, -en) – Zeremonie bzw. der Tag, an dem sich Mann und Frau das Ja-Wort geben

Trauung (die, -en) – Zeremonie in der Kirche oder auf dem Standesamt, bei der zwei Menschen als verheiratet erklärt werden

Ehe (die, -n) – Zeitraum, in dem zwei Menschen verheiratet zusammen leben

Ehegemeinschaft (die, -en) – zwei Menschen, die miteinander verheiratet sind, leben zusammen und bilden so eine Ehegemeinschaft

Heirat (die) – 1. der Zustand, nicht mehr ledig zu sein, 2. der Zeitraum, in dem man verheiratet ist

Eheschließung (die, -en) – amtsdeutsch für Hochzeit, Trauung

7

a) war ... verwitwet b) heiraten c) in Trennung - scheiden lassen d) in Scheidung e) ledig
f) unverheiratet ... sein g) verheiratet h) trennten

8

Lösungsvorschlag:
a) freundlich – *Sie half ihr freundlicherweise bei der Reparatur ihres Fahrrads.*
b) möglich – *Möglicherweise komme ich schon am Montag.*
c) die Stufe – *Der Euro wurde stufenweise eingeführt. Die stufenweise Einführung hatte Vorteile.*
d) glücklich – *Ich erreichte den Zug glücklicherweise noch.*
e) zufällig – *Wir trafen uns zufälligerweise am Bahnhof.*
f) der Schritt – *Dieses Kapitel musst du dir schrittweise erarbeiten. Eine schrittweise Erarbeitung ist ratenswert.*

6. Schule

1

Lösungsvorschlag:
vorhandene Fächer: Fremdsprachen, naturwissenschaftliche Fächer (Chemie, Physik, Biologie), Informatik, Mathematik, Literatur, Psychologie, Philosophie, Religion, musische Fächer (Musik, Kunst), Sport
neue Fächer: Medienkunde, Ernährungswissenschaften ...

2

Lösungsvorschlag:
– klassischer Frontalunterricht, d.h. die Schüler sind passiv
– Partnerarbeit
– Gruppen- und Projektarbeit
– Sprachlabor
– Einsatz von Medien und Computer
– Unterricht ohne Notendruck (z.B. Waldorfschule)
– Unterricht in Blöcken (z.B. eine Woche nur Musik, dann eine Woche nur Englisch)

3

Lösungsvorschlag: *beliebt:* ruhig, fleißig, aktiv, zurückhaltend, selbstbewusst
unbeliebt: unruhig, faul, vorlaut, frech

6. Schule

4

a) Man sollte schon früh, von Kindheit an, mit dem Lernen beginnen.
b) Man muss alles erst üben, d.h. langsam lernen. Niemand kann alles auf Anhieb.
c) Wer viel gegessen hat, wird faul. / Wer im Überfluß lebt, hat kein Interesse, sich zu bilden.
d) In der Jugend (Hänschen = der kleine Hans) lernt man besser, schneller als im Alter (Hans).

6

a) Hausaufgaben ... machen	=	Hausaufgaben erledigen
b) lernt	=	Wissen erwerben
c) nachschlagen	=	sich in einem Buch oder Lexikon über etwas informieren
d) pauken	=	(umgangssprachlich) intensiv lernen
e) sich ... einprägen	=	versuchen, sich etwas zu merken
f) sich ... fortbilden	=	seine Kenntnisse erweitern, z.B. für Studium, Beruf oder allgemein
g) sich ... vorbereiten	=	für etwas im Voraus lernen oder arbeiten
h) studieren	=	Student an einer Universität sein
i) geübt hat / übt	=	das, was man lernen muss, oft wiederholen, damit man es gut kann
j) vertraut machen	=	sich einem Thema annähern / sich in ein Thema einarbeiten

7

a) Die Abiturprüfungen sollen erleichtert werden.
b) Alle Kinder können eine Schule besuchen.
c) Sie mag Fremdsprachen.
d) Nach dem Abitur will/möchte sie Medizin studieren.
e) Er hat das Vertrauen der Schüler nicht gewinnen können.
f) Sie sollte im Ausland studieren.
g) Nach der anstrengenden Prüfung konnte sie nicht ruhig schlafen.
h) Die Schüler müssen pünktlich zum Unterricht erscheinen.
i) Sie müsste/dürfte die Prüfung bestanden haben.
j) Ich hätte mich besser auf die Prüfung vorbereiten sollen.

8

a) den Text einer anderen Person kopieren / von der Tafel in das Heft schreiben
b) etwas auf die Tafel schreiben / sich an jdn. schriftlich wenden / in einem Geschäft etwas kaufen und später bezahlen
c) notieren
d) genau sagen oder schreiben, wie jemand oder etwas ist
e) einen Geldbetrag als Guthaben eintragen / ein Konto kreditieren
f) kurz beschreiben / eine Sache oder einen Begriff, den man nur schwer beschreiben kann, versuchen zu charakterisieren
g) einen Text verändern, neu schreiben
h) der Arzt schreibt ein Rezept, damit der Patient sich Medikamente in der Apotheke kaufen kann
i) etwas versehentlich falsch schreiben
j) z.B. ein Heft füllen / auf jede Seite etwas schreiben
k) befehlen / jdm. sagen, was er/sie zu machen hat

9

a) melde   b) angemeldet   c) abgelegt   d) bestehe   e) durchfalle - wiederholen

10

a) Sie will mit dem Taxi bzw./beziehungsweise mit dem Bus kommen.
b) Ich bin sehr müde und bleibe zu Hause, zumal ich wirklich stark erkältet bin.
c) Sie gingen ins Museum, (an)statt dass sie die Arbeit erledigten. / Sie gingen ins Museum, (an)statt die Arbeit zu erledigen.
d) Je nachdem ob es regnet oder die Sonne scheint, gehen wir ins Kino oder machen ein Picknick. / Wir gehen ins Kino oder machen ein Picknick, je nachdem ob es regnet oder ob die Sonne scheint.
e) Es handelt sich um ein ernsthaftes Problem, soviel/soweit ich weiß. / Soviel/Soweit ich weiß, handelt es sich um ein ernsthaftes Problem.

7. Wissenschaft und Zukunft

1

Lösungsvorschlag: das Rad, die Dampfmaschine, der Dynamit, das Telefon, der PC
Graham Bell (Telefon), Alfred Nobel (Dynamit), das Ehepaar Joliot Curie (die künstliche Radioaktivität), Wernher von Braun (Fernrakete V2)

2

Lösungsvorschlag: intelligent, einfallsreich, begabt, geduldig, hartnäckig

5

a) 1   b) 5   c) 3   d) 10   e) 4, 6   f) 8   g) 2   h) 4, 9   i) 7   j) 11

6

Lösungsvorschlag:
a) 1. Die Polizei kam dem Täter auf die Spur.
b) 2. Anna hat unter den vielen Gästen plötzlich ihren alten Freund erblickt.
c) 3. Peter ist gestern in der Zeitung auf einen Artikel über seine Firma gestoßen.
d) 1. Der Detektiv hat nach langer Suche die verdächtige Person in Berlin aufgetrieben.
e) 3. In Athen legten die Archäologen ein antikes Theater frei.
f) 3. Bertolt Brecht hat das Licht der Welt in Augsburg erblickt.
g) 3. Sigrid hat im Garten die Blumenzwiebel ausgegraben.
h) 3. Kolumbus entdeckte Amerika.
i) 2. Graham Bell hat das Telefon erfunden.
j) 1. Josef hat mit/unter großen Schwierigkeiten die neue Adresse von Hanna ausfindig gemacht.

Erklärungen zu den Verben:

erfinden:
a) etwas schaffen, das es noch nicht oder nicht in dieser Form gibt
   André Maria Ampere erfand das erste Strommessgerät, es heißt Galvanometer.
b) etwas sagen, was nicht der Realität entspricht
   Ich glaube nicht, dass Martin im Lotto gewonnen hat. Das ist sicher erfunden.

entdecken:
a) durch Zufall sehen oder bemerken
   Im Schaufenster der neuen Boutique entdeckte Karola einen schönen Rock.
b) etwas, was bisher unbekannt war, finden
   Der Wissenschaftler entdeckte ein neues Gen.

7. Wissenschaft und Zukunft

erblicken:
durch Zufall oder plötzlich sehen, meistens innerhalb einer großen Menge von Personen oder Sachen
  Als Maria ihre beste Freundin unter den Partygästen erblickte, freute sie sich sehr.
das Licht der Welt erblicken: geboren werden

stoßen auf + A:
durch Zufall sehen, meistens zu einem Thema oder Bereich, für den man sich vorher interessiert hat
  Die zwei deutschen Abenteurer stießen nach langem Graben auf Gold.

auftreiben:
im letzen Augenblick oder nach langer Suche und Anstrengung finden
  Wie Richard es geschafft hatte, für das Mercedesmodell von 1934 ein Ersatzteil aufzutreiben, blieb allen ein Rätsel.

ausgraben:
a) etwas, was mit Erde bedeckt ist, ans Licht holen
  In dem Roman von Stevenson finden die Piraten einen Schatz und graben ihn aus.
b) etwas, was lange vergessen war, wiederfinden oder hervorholen
  Wenn wir Oma besuchen, gräbt sie gern alte Fotos oder Briefe aus.

freilegen:
etwas, was fest an einer Stelle liegt und mit Erde bedeckt ist, z.B. ein Gebäude, ans Licht holen (besonders für archäologische Funde verwendet)
  In Süditalien wurde vor wenigen Jahren ein gut erhaltenes römisches Bad freigelegt.

jdm. auf die Spur kommen:
einer Person gegenüber einen Verdacht haben / eine Person bei einer verbotenen Tat beobachten
  Miss Marple ist dem jungen Mann ziemlich schnell auf die Spur gekommen. Sie hatte das Tatmesser in seinem Schrank gefunden.

ausfindig machen:
nach langem Suchen endlich finden
  Fritz Müller machte seinen seit dem 2. Weltkrieg verschwundenen Bruder nach vielen Jahren in Costa Rica ausfindig.

7

a) Der Archäologe Schliemann führte selbst die Aufsicht über die Ausgrabungen des alten Troja.
b) Der Wissenschaftler zieht bei seiner Studie / in seiner Studie auch abwegige Thesen in Erwägung.
c) Die Öffentlichkeit erhält sehr schnell Kenntnis von den neusten Forschungsergebnissen zur Bekämpfung von AIDS.
d) Kernforscher können durch die Radioaktivität, die während ihrer Experimente / bei ihren Experimenten austritt, zu Schaden kommen.
e) Als sie den Nobelpreis für Chemie erhielt, kam sie endlich ans Ziel ihrer Wünsche. / Nachdem sie den Nobelpreis für Chemie erhalten hatte, kam sie endlich ans Ziel ihrer Wünsche.
f) Ihre Kollegen ziehen die neuen Forschungsergebnisse während einer Diskussion / bei einer Diskussion / in einer Diskussion in Zweifel.

8

a) Aus   sich ab/leiten aus + D
b) zu   zu (k)einem Entschluss kommen
c) aus   hervor/gehen aus + D
d) aus   den Schluss ziehen aus + D
e) in   in Verbindung bringen mit + D
f) aus ... an   folgern aus + D, die Kritik an + D

9

a) man b) man c) einem d) einen e) einer f) einem g) ein(e)s h) einem i) man j) keine

8. Computer

1
Lösungsvorschlag:
In der Arbeitswelt: Briefverkehr (E-Mail, Textverarbeitung), Informationsaustausch, Datenerfassung, Berechnungen und Analysen, Auswerten von Tests, Fortbildung
Im Haushalt: Briefverkehr (E-Mail, Textverarbeitung), Sammlung von Informationen, Fortbildung, Unterhaltung (Spiele), Einkaufen

2
a) der Drucker b) der Lautsprecher c) der Bildschirm / der Monitor d) der Rechner / die Zentraleinheit e) der Scanner f) die Tastatur / das Keyboard g) die Maus h) das Laufwerk

4
a) erregt / erregte b) springt / sticht / sprang / stach c) genommen d) nahm e) gekommen f) bleiben / treten / stehen / kommen

5
a) mit sich ab/finden mit + D
b) von jdn. ab/bringen von + D
c) bei / in gewinnen bei / in + D
d) in sich gliedern in + A
e) nach ordnen nach + D
f) zum taugen zu + D

6
a) abstürzen b) installieren c) übertragen d) anklicken e) löschen f) eingeben g) speichern

7
a) Wir ziehen in Erwägung, uns einen Computer zu kaufen.
b) Mein Chef nimmt keine Notiz von den Neuheiten auf dem Computermarkt. / Mein Chef nimmt von den Neuheiten auf dem Computermarkt keine Notiz.
c) In unserer Abteilung macht man sich darüber Gedanken, die Mitarbeiter mit einem neuen Textverarbeitungsprogramm vertraut zu machen. / In unserer Abteilung spielt man mit dem Gedanken, die Mitarbeiter mit einem neuen Textverarbeitungsprogramm vertraut zu machen. / In unserer Abteilung wird mit dem Gedanken gespielt, die Mitarbeiter mit einem neuen Textverarbeitungsprogramm vertraut zu machen.
d) Die alten großen 5-Zoll-Diskettenlaufwerke wurden vor einiger Zeit aus dem Verkehr gezogen.
e) Herr Müller gibt/erteilt den Auszubildenden Unterricht im Programmieren.
f) Die neuste Version des Programms stieß bei allen auf Begeisterung. / Die neuste Version des Programms rief bei allen Begeisterung hervor.

8

a) modernste b) traurigere c) benutzerfreundlicher d) fortschrittlichste e) einfacher

9. Medien

1

Lösungsvorschlag:
a) durch Bild und Ton, in Reportagen, Nachrichten usw.
b) nur durch den Ton, in Nachrichten, Reportagen usw.
c) durch Texte und Bilder
d) über Web-Seiten, Programme, Dateien, in Bild, Video, Ton und Text

2

Presse: Zeitungen gibt es in einfacher Form schon seit Beginn des 17. Jahrhunderts.

3

Lösungsvorschlag:
mehr über das Bild, schnellere Informationsvermittlung, allgegenwärtig durch das Fernsehen

5

a) übte ... Kritik
b) kritiklos akzeptierten
c) war ... Kritik ausgesetzt
d) kam bei den Kritikern gut an
e) eine Kritik verfassen
f) sich ... der Kritik stellen

Erklärungen dazu:

Kritik üben – Kritik mündlich oder schriftlich äußern
In seinem Artikel übte der Journalist starke Kritik an der Regierungspolitik.

kritiklos akzeptieren – etwas hinnehmen, ohne zu kritisieren
Im Militär müssen die einfachen Soldaten die Entscheidungen der Offiziere kritiklos akzeptieren.

der Kritik ausgesetzt sein – sich direkt die Kritik anderer anhören müssen
Der Politiker ließ unbeliebte Themen immer von seinen Vertretern ausdiskutieren, weil er Angst hatte, der Kritik der Presse ausgesetzt zu sein.

bei den Kritikern (gut / schlecht) ankommen – den Kritikern gut / schlecht gefallen
Der letzte Roman des amerikanischen Schriftstellers Noah Gordon kam bei den Kritikern gut an, auch die Leser waren begeistert.

eine Kritik verfassen – einen kritischen Aufsatz über eine Vorstellung oder Veranstaltung formulieren
Schon wenige Stunden nach der Premiere hatte der Filmkritiker eine Kritik für die Tageszeitung verfasst.

sich der Kritik stellen – freiwillig die Kritik anderer anhören
Nach seiner Vorlesung über neue Methoden des Sprachunterrichts stellte sich der Professor der Kritik seiner Studenten und forderte sie dazu auf, ehrlich ihre Meinung dazu zu sagen.

6

a) auf   auf Beschluss + G
b) auf   im Hinblick auf + A
c) aus   aus Interesse an + D
d) Mit   mit der Zeit
e) zu   im Vergleich zu + D
f) auf   ohne / mit Rücksicht auf + A

7

a) 6   b) 3   c) 1   d) 2   e) 5   f) 4

8

a) überspielen / aufnehmen   b) aufzeichnen / aufnehmen   c) kopieren   d) aufgeführt   e) aufnehmen
f) aufzeichnen / aufnehmen

9

a) glaubt / meint   b) finde / meine   c) vermutet / glaubt / nimmt an   d) finden / meinen / glauben

10. Werbung

1

Lösungsvorschlag:

Positive Effekte: Werbung informiert über neue Angebote / bunte Reklametafeln/Neonreklamen usw. beleben das Stadtbild / durch Werbung werden Presseorgane, Kultur- und Sportveranstaltungen finanziert / Werbung unterhält

Negative Effekte: Werbung verführt zu unüberlegtem oder überflüssigem Konsum / führt zur Reizüberflutung / Mailings, E-Mails u.Ä. belästigen die Adressaten

2

Zeitung, Zeitschrift, Fernsehen, Kino, Radio, Plakatwände, Internet, Postwerbung (Rundschreiben verteilt in Briefkästen), E-Mails, Sportbekleidung, Rennwagen u.Ä. durch Sponsoren, als Werbegeschenke verwendete Gebrauchsgegenstände wie Kugelschreiber, Blöcke, Uhren, Kalender u.Ä.

3

Lösungsvorschlag:
Experten analysieren die Gruppe, die mit der Werbung erreicht werden soll. Der gesellschaftlichen Gruppe entsprechend werden das Werbemedium (z.B. Kino, Zeitung) ausgewählt und die Bilder bzw. Texte, Musik, Slogans usw. arrangiert. Dies geschieht häufig mit Hilfe von Werbepsychologen. Der Auftraggeber sucht sich dann den besten Entwurf aus.

10. Werbung / 11. Umweltschutz

5

Lösungsvorschlag:
a) sich bewerben um + A – *Viele Professoren bewarben sich um die Stelle an der Freien Universität Berlin.*
b) werben für + A – *Diese Reklame wirbt für eine neue Schokolade.*
c) abwerben – *Es gelang dem Personalchef von BMW, den jungen Ingenieur von der Konkurrenz abzuwerben.*
d) anwerben – *Die Umweltschutzorganisation Greenpeace hatte durch ihre Aktion viele neue Mitglieder angeworben.*
e) umwerben – *Der junge Mann umwirbt diese Frau, weil er in sie verliebt ist.*

6

a) Viele Passanten nehmen Anstoß an den schockierenden Werbeplakaten der bekannten Firma.
b) Die Zigarettenindustrie fasste freiwillig den Beschluss, die/ihre Fernsehwerbung einzustellen.
c) Dieser Werbespot soll die Verbraucher auf ein neues Getränk / das neue Getränk aufmerksam machen.
d) Die ständige Unterbrechung von Filmen fällt vielen Fernsehzuschauern schon lange auf die Nerven.
e) Das Tourismusministerium will mit diesen Plakaten die Diskussion über die Gastfreundschaft in Gang bringen.
f) Das Unternehmen führt gegen seine Konkurrenz wegen eines gestohlenen Werbeslogans Klage.

7

a) Konsumverhalten b) Konsumgesellschaft c) Konsum d) Konsumverzicht e) Konsument
f) Konsumboykott

8

a) auf   sich aus/wirken auf + A
b) zu   beglückwünschen zu + D
c) gegen   verstoßen gegen + A
d) in ... von   sich unterscheiden in + D, von + D
e) Auf   acht/geben auf + A
f) von ... auf sich erhöhen von + D, auf + A

9

a) Die Filmaufnahmen wurden ihretwegen um drei Tage verschoben.
b) Herr Martin ist Geologe. Seine Frau abonnierte seinetwegen eine wissenschaftliche Zeitschrift.
c) Ich werde mir nur euretwegen dieses klassische Konzert im Fernsehen ansehen.
d) Meine Mutter kochte meinetwegen jede Woche einmal Lasagne.

11. Umweltschutz

1

Lösungsvorschlag:
Luftverschmutzung, Vergiftung des Bodens und der Gewässer, Lärmbelästigung, bedrohte Tierarten

3

Es sind Vereine oder Gesellschaften, die sich um den Schutz der Umwelt, der Tiere und der Menschen bemühen.

11. Umweltschutz / 12. Rollenverteilung

5

a) die Zahl der Arten (Pflanzen, Tiere) nimmt ab
b) jdn. ausnutzen / jdn./etw. übermäßig beanspruchen
c) Energie, z.B. Strom, sinnlos verbrauchen
d) etwas, z.B. Schmutz, Bakterien, was eine Krankheit hervorrufen kann
e) die Qualität des täglichen Lebens; betrifft alle Bereiche des Lebens: Wohnen, Arbeit, Essen, Freizeit usw.
f) der natürliche Ablauf der Natur, z.B. Regen → Nebel → Wolkenbildung → Regen
g) wenn zu viele Menschen an einem Ort, in einem Gebiet leben
h) der Schutz einer bestimmten Art (Pflanze, Tier)
i) jemand, der die Umwelt verschmutzt
j) Maßnahmen, Taten, die die Umwelt schützen

6

a) leider b) gesunken c) Laien d) ausgeben / aufwenden e) verzichten f) missachten / brechen

7

a) Klima, in dem die Temperaturen stark schwanken, d.h. sich plötzlich verändern
b) feuchtes, heißes Klima in den Tropen
c) Klima mit geringen Schwankungen in Gebieten nahe am Meer
d) trockenes, heißes Klima mit großen Temperaturschwankungen in der Nacht und am Tag

8

a) Trotz regelmäßiger internationaler Gipfeltreffen konnte keine einheitliche Regelung zur Verminderung des Schadstoffausstoßes gefunden werden.
b) Die Industriestaaten, die die Umwelt am meisten belasten, müssen für die ärmeren Länder beim Thema „Umweltschutz" ein gutes Beispiel sein.
c) Aufklärung und Information sind wichtig, um möglichst viele Menschen für dieses Thema zu sensibilisieren.
d) Die Schadstoffe in den Autoabgasen sollen durch den neuen Katalysator um mindestens 10% verringert werden.
e) Die Kommission soll die öffentlichen Verkehrsmittel attraktiver machen, um den privaten Autoverkehr und die Umweltbelastung zu verringern.
f) Umweltschutzorganisationen protestieren gegen die lockeren Sicherheitsvorkehrungen in der Chemiefabrik.

9

a) Die Bank liegt dem Stadtpark gegenüber. / Die Bank liegt gegenüber dem Stadtpark.
b) Er konnte dem Vater mit Stolz gegenübertreten.
c) Auf freiem Feld mussten/müssen sich die Feinde gegenüberstehen.
d) Klaus sitzt Anna gegenüber.
e) Man muss dem Chef gegenüber höflich sein. / Man muss gegenüber dem Chef höflich sein.

12. Rollenverteilung

2

Lösungsvorschlag:
Es gibt eine „natürliche Rollenverteilung" dadurch, dass Frauen Kinder gebären und stillen, so sind sie in dieser Phase mehr als die Männer ans Haus gebunden.

12. Rollenverteilung

3

Lösungsvorschlag: *(dies trifft auf Deutschland zu)*
Frauen: Krankenschwester, Friseuse, Verkäuferin, Kindergärtnerin, Sekretärin
Männer: Ingenieur, Bauarbeiter, Installateur, Informatiker, Busfahrer, Lastwagenfahrer

5

a) im — im Anschluss an + A
b) in — in Betrieb sein
c) nach — nach Vereinbarung
d) durch / per — durch Zufall / per Zufall
e) Aus — aus Wut
f) In ... in — in Zukunft, in der Praxis

6

a) Auf dem Frauenkongress kam das Thema der gleichen Bezahlung der Frauen zur Sprache.
b) Die Arbeiterin ging nach einem langen Arbeitsleben im Alter von 65 Jahren in Rente.
c) Die Frauenministerin nahm im Interview zur Chancengleichheit Stellung.
d) Die Landesregierung trägt die Kosten für das neue Schulprojekt der nach Jungen und Mädchen getrennten Mathematik-Klassen.
e) Viele Frauen machen erst bei der Bewerbung mit der Tatsache Bekanntschaft, dass Männer ihnen bei gleicher Qualifikation vorgezogen werden.
f) Sie stellte einen Antrag auf Sozialhilfe.

7

a) feministischer   b) weibisch / feminin   c) damenhafte   d) mädchenhaft   e) weibliche
f) feminine / weibliche   g) fraulicher

8

a) Weil die Nachfrage so groß war
b) um Frauen und deren Kinder zu schützen
c) Selbst wenn eine Beziehung mit Problemen verbunden ist / Obwohl eine Beziehung mit Problemen verbunden sein kann
d) so dass heute wesentlich mehr Frauen als noch vor fünfzig Jahren studieren
e) höher das Ausbildungsniveau von Frauen ist, desto öfter haben sie die Chance, Führungspositionen zu besetzen
f) Nach der Einrichtung spezieller, rund um die Uhr bewachter Parkplätze

9

Das Demonstrativpronomen ist hier nicht obligatorisch:
a) (der) – Erst am Schluss zeigt sich, wer wirklich den Vorteil hat.
b) (der) – Der Erste kann auch alles als Erster machen.
c) (da) – Wo Probleme auftauchen, ist auch eine Ursache vorhanden.
d) (der) – Wer Erfolg haben will, muss auch entsprechende Vorarbeit leisten.

Das Demonstrativpronomen ist hier obligatorisch:
e) der – Wenn man zu viel Glück im Leben hat, besteht die Gefahr, jung zu sterben.
f) den – Jemand, der viel herumreist, ist bevorzugt.

13. Generationen

1

Lösungsvorschlag: Kinder wollen zeigen, wie unabhängig sie sind und anders sein als die Eltern. Eltern meinen, da sie älter sind, auch mehr zu wissen usw.

2

Lösungsvorschlag: abends ausgehen, Taschengeld, Freunde, Hilfe im Haushalt, Noten, Schule

3

Lösungsvorschlag: Es gab schon immer Generationskonflikte, da junge Leute immer Neues entdecken und sich von ihren Eltern unterscheiden wollen. Es ändern sich nur die Streitpunkte.

4

Lösungsvorschlag: Großeltern können oft vermitteln, weil sie mehr Abstand haben, aber trotzdem den Beteiligten nahe stehen. Großeltern übernehmen ab und zu die Aufsicht über die Enkelkinder.

6

Streit: 1, 4, 5, 6, 7, 9, 11, 12, 13, 14, 15, 18, 19
Harmonie: 2, 3, 8, 10, 16, 17

7

a) Der junge Mann schenkte den Erzählungen seiner Eltern keinen Glauben.
b) Der Jugendliche leistete Widerstand gegen die Polizeigewalt.
c) Früher wollten die Eltern, dass die Kinder während der Unterhaltung zwischen Erwachsenen den Mund halten/hielten.
d) Lehrer sollten den Eltern Bescheid geben/sagen, wenn ihr Kind in der Klasse auffällt.
e) Die Mutter schenkte den Hausaufgaben ihres Kindes keinen Blick, weil sie müde war. / Die Mutter warf keinen Blick auf die Hausaufgaben ihres Kindes, weil sie müde war.
f) Bei Diskussionen in der Familie müssen alle auf den Standpunkt des anderen Rücksicht nehmen.

8

a) in   sich vertiefen in + A
b) über   sich wundern über + A
c) auf   zurück/führen auf + A
d) von   schwärmen von + D
e) mit   sich plagen mit + D
f) an   mangeln an + D

9

a) Er braucht die Erlaubnis seines Vaters, um mit Freunden zu verreisen.
b) Die Jugendlichen verlangen von ihren Lehrern, dass sie in ihrer Schule Partys feiern dürfen.
c) Alte Leute sind oft auf die Hilfe Jüngerer angewiesen.
d) Politiker sollten/sollen Verständnis für die Ängste und Hoffnungen der jungen Generation aufbringen.

13. Generationen / 14. Medizin

e) Kindergartenkinder besuchen in/bei diesem Projekt ein Altersheim, um die Beziehungen zwischen Alt und Jung zu verbessern / damit sich die Beziehungen zwischen Alt und Jung verbessern.
f) Die Forderungen der Studenten stießen 1968 bei der älteren Generation auf Unverständnis.

10

a) *Satznegation:* Die Kinder sollten die Großeltern morgen nicht besuchen.
   Teilnegation: Nicht die Kinder sollten die Großeltern morgen besuchen (sondern die Eltern).
   Teilnegation: Die Kinder sollten nicht die Großeltern morgen besuchen (sondern ihre Freunde).
   Teilnegation: Die Kinder sollten die Großeltern nicht morgen besuchen (sondern übermorgen).
b) *Satznegation:* Die jungen Leute begeistern sich nicht besonders für die Disko.
   Teilnegation: Nicht die jungen Leute begeistern sich besonders für die Disko (sondern die alten).
   Teilnegation: Die jungen Leute begeistern sich nicht besonders für die Disko (sondern für Rockkonzerte).
c) *Satznegation:* Dein Verhalten empfinde ich nicht als provokativ.
   Teilnegation: Nicht dein Verhalten empfinde ich als provokativ (sondern dein Aussehen).
   Teilnegation: Dein Verhalten empfinde nicht ich als provokativ (sondern deine Eltern empfinden es als provokativ).
d) *Satznegation:* Martin hat sich nicht mit seinen Freunden gestritten.
   Teilnegation: Nicht Martin hat sich mit seinen Freunden gestritten (sondern seine Mutter).
   Teilnegation: Martin hat sich mit seinen Freunden nicht gestritten (sondern sich unterhalten).

14. Medizin

1

Lösungsvorschlag: veränderte Familienstruktur / gestiegene Lebenserwartung, d.h. überalterte Gesellschaft, was nicht unbedingt Alter in Gesundheit bedeutet / Medien haben Thema aufgegriffen, spektakuläre Fälle im Fernsehen / Reform des verschuldeten Gesundheitssystems, Überforderung der Kapazität durch zunehmende Zahl der Pflegefälle

2

aktive Sterbehilfe: jdm. ein Medikament geben oder medizinische Geräte bewusst abstellen, damit die Person stirbt
passive Sterbehilfe: jdn. sterben lassen, d.h. nichts tun, um das Leben eines Menschen zu verlängern, obwohl man die Möglichkeit hätte

3

Lösungsvorschlag: unheilbare Krankheit oder Verletzung, Gebrechlichkeit (Selbstversorgung unmöglich), Lebenswillen verloren

4

Lösungsvorschlag: alle Menschen und Institutionen, z.B. Kirche, Regierung, Ärzte, Juristen, Ethiker

5

Lösungsvorschlag: Lebenserwartung hat sich erhöht, heute bessere medizinische Versorgung durch Technik

7

a) pflegen b) hält ... in Ordnung c) sauber halten d) hütete e) wartet f) umsorgt

8

a) *hier:* ein Zettel, auf dem der Arzt dem Patienten ein Medikament verschreibt
b) Wagen, mit dem kranke oder verletzte Personen zum Krankenhaus transportiert werden
c) eine Person, die ständige Hilfe und Pflege benötigt
d) Aufnahme im Krankenhaus im Notfall
e) Krankenschwestern und Pfleger, die die Patienten betreuen
f) eine Abteilung im Krankenhaus, in der lebensgefährlich erkrankte Patienten betreut und ständig ärztlich überwacht werden

9

a) umgekommen b) entschlafen c) getötet / umgebracht / ermordet d) ausgestorben e) Ableben
f) verunglücken g) verdörrt h) gefallen i) eingegangen j) zugrunde gegangen

10

a) Die Patientin wurde/wird nach der schweren Operation auf die Intensivstation gebracht.
b) Der zuständige Arzt übernimmt die Verantwortung für die ungewöhnliche Behandlungsmethode des Patienten.
c) Die Säuglingssterblichkeit ging erheblich zurück, seitdem man auf mehr Hygiene bei der Geburt achtete. / Die Säuglingssterblichkeit geht erheblich zurück, wenn man auf mehr Hygiene bei der Geburt achtet.
d) Der junge Mann wartet nach einer gründlichen Untersuchung gespannt auf die Diagnose des Arztes.
e) Die Angehörigen des Krebskranken versprechen sich viel von einer Therapie, die aus einer besonderen Diät besteht.
f) Der Hippokratische Eid besagt, dass der Arzt (das) Leben schützen muss.

11

a) pro b) zuliebe c) per d) seitens e) laut f) ungeachtet

15. Kultur

1

Lösungsvorschlag: Malerei, Bildhauerei, Literatur, Theater, Musik, Tanz, Film, Architektur

2

Lösungsvorschlag: Interesse, (anspruchsvoller) Zeitvertreib, geistige Anregung, Begeisterung für das Ästhetische, Diskussionsgrundlage, Schaffensfreude

3

Lösungsvorschlag: Konzerte, Kinofilme, Autorenlesungen, Ausstellungen, Happenings, Oper, Theater, Musicals, Zirkus, öffentliche Feste wie z.B. Weinfest, Jahrmarkt, Sommerfest

15. Kultur / 16. Ausländer

4

a) Austausch auf kultureller Ebene
b) eine Person, die sich nicht für Kultur interessiert
c) Politik, die sich mit Kultur, Erziehung und Bildung beschäftigt
d) Landschaft, die der Mensch verändert („kultiviert") hat
e) die Entwicklungsstufe, das Entwicklungsniveau

6

a) künstlerische   b) geistige   c) Fernsehen   d) zuschauen   e) künstlich   f) beobachtete / beobachtet
g) geistlicher   h) geklatscht   i) applaudierten   j) applaudierte / klatschte

7

a) Das Kulturangebot hat sich innerhalb der letzten 10 Jahre verbessert.
b) Ein Opernabend in der Mailänder Skala ist ein besonderes Vergnügen.
c) Der Eintrittspreis für Konzerte / von Konzerten / der Konzerte richtet sich nach der Bekanntheit des Orchesters.
d) Obwohl es in der Großstadt ein vielfältiges Kulturangebot gibt, sehe ich lieber fern.
e) Die junge Schauspielerin wurde durch ihren Auftritt im Schillertheater bekannt.
f) Wir wollen uns „Casablanca" ansehen, um Humphrey Bogart in seiner berühmtesten Rolle zu bewundern.

8

a) Er führt Regie bei einem Film oder Theaterstück.
b) Er ist für das Bühnenbild verantwortlich.
c) Sie liest im Fernsehen das Programm.
d) Sie beurteilt, kritisiert Theateraufführungen.
e) Er schreibt für einen Film oder eine Serie das Drehbuch, in dem steht, was jeder Schauspieler sagt und tut.
f) Er ist Schauspieler für unwichtige Rollen, meistens kein Profi.
g) Er ist für den Ton verantwortlich.
h) Ein Künstler, der aus Stein oder Holz Figuren oder Skulpturen haut, formt oder meißelt.
i) Er gibt akrobatische, tänzerische oder Zaubervorstellungen.
j) Er malt Bilder.

9

auf den Punkt gebracht – wunden Punkt – toten Punkt – dunklen Punkt – redet – ohne Punkt und Komma – in allen Punkten einig sein – strittiger Punkt – Der springende Punkt

16. Ausländer

1

Lösungsvorschlag:
aus welchen Ländern: Albanien, Polen, Pakistan usw.
in welcher Absicht: Schutz vor Verfolgung, um Arbeit zu finden, Studium, besseres Leben als in ihrer Heimat

16. Ausländer

2

Lösungsvorschlag:
– aus Kriegsgebieten als Kriegsflüchtlinge, die Sicherheit suchen
– aus europäischen Ländern als Arbeitsuchende, die zur Zeit in ihrer Heimat keine Arbeit finden oder dort schlechter bezahlt werden

3

Lösungsvorschlag: Schwierigkeiten mit der Aufenthaltserlaubnis, Sprachschwierigkeiten, Klimaumstellung, Kontaktschwierigkeiten, neue zwischenmenschliche Umgangsregeln

4

Lösungsvorschlag: Religion, Rollenverständnis von Mann und Frau, gesellschaftliche Umgangsformen, Wohnverhältnisse, Arbeitsmoral, Ausbildung, Erziehung

6

a) verzollt   b) einreisten   c) erteilt   d) sich ... aufgehalten   e) sich ... integrieren   f) ausreisen

7

a) beantragte   b) Antrag gestellt hatte   c) erhielt ... Bescheid   d) Antrag abgelehnt   e) Antrag stattgegeben   f) auf Antrag

8

a) Der amerikanische Student besucht einen Sprachkurs, um sich auf seinen Auslandsaufenthalt vorzubereiten.
b) Die junge Frau wollte ohne gültige Papiere / mit gültigen Papieren in die Bundesrepublik Deutschland einreisen.
c) Das Büro der Ausländerbeauftragten von Frankfurt veranstaltet im Juni ein multikulturelles Straßenfest.
d) Viele Menschen, die nie ihre Heimat verlassen haben, erleiden im Ausland einen Kulturschock.
e) Ein reger Kulturaustausch hilft den Menschen, sich besser zu verstehen.
f) Ein erfolgreicher Manager muss in dieser Firma auch Auslandserfahrungen vorweisen.

9

a) exotische / ausländische / fremdartige   b) ausländischen   c) fremdartigen / unbekannten   d) auswärtigen
e) exotische / andersartige / fremdländische   f) Exotische   g) wildfremde / unbekannte   h) fremdartig

10

Lösungsvorschlag:
a) Bedeutung 2: Ich finde mich in einer neuen Stadt sehr schnell zurecht.
b) Bedeutung 1: Der Automechaniker musste das Ersatzteil noch zurechtbiegen, dann konnte er es einbauen.
c) Bedeutung 2: Mein Lehrer war über mein Verhalten sehr böse, deshalb wies er mich zurecht.
d) Bedeutung 2: Seine Krawatte hing schief, er rückte sie schnell zurecht.
e) Bedeutung 1: Der Tischler zimmerte ein Holz zurecht, so dass er es als Tischbein benutzen konnte.

17. Arbeit und Arbeitslosigkeit

1

Lösungsvorschlag: Wirtschaftskrise / teurer Standort → Firmen wandern in Billiglohnländer ab / nachlassende Nachfrage / Übersättigung des Markts / unflexible Arbeitsmarktstrukturen

2

Lösungsvorschlag: finanzielle, familiäre, soziale, psychische Probleme

3

siehe 1.
außerdem:
Fehlen von Ausbildungsplätzen / mangelnde Bereitschaft vonseiten der Arbeitgeber Lehrlinge auszubilden / fehlende Flexibilität aufseiten der Auszubildenden

4

Lösungsvorschlag:
a) Fleiß / Kooperationsbereitschaft / Leistungswille / Loyalität / Pünktlichkeit / Teamgeist / zu Überstunden bereit
b) gute, regelmäßige Bezahlung / gute Sozialleistungen / gute Personalführung / zeitgemäße Ausstattung, d.h. Erleichterung durch moderne Technik / Familienprogramme (Kindergartenplatz)

6

a) gehen / machen   b) machen   c) kommen   d) stellen   e) treten   f) ergreifen

7

a) auf   einen Antrag stellen auf + A
b) auf   ein Anrecht haben auf + A
c) für   Garantie geben für + A
d) als   eine Lehre machen als
e) nach   die Suche nach + D
f) für   die Voraussetzung für + A

8

a) 1   b) 1   c) 2   d) 3   e) 1   f) 1

9

a) männer   b) leute   c) leute   d) leute   e) männer

18. Suchtkrankheiten

①

Lösungsvorschlag: Zigaretten, Alkohol, Tabletten, Heroin, Kokain. Bewertung durch die Gesellschaft unterschiedlich: Der Konsum so genannter „harter Drogen" steht unter Strafe, der Genuss von Tabak und Alkohol ist – je nach Land und Kultur – akzeptiert und weit verbreitet.

②

Lösungsvorschlag: Einsamkeit, Isolation, Probleme allgemein, labiler Charakter, man wird verführt, Neugier, Gruppenzwang, Leichtsinn

③

Lösungsvorschlag: Spielsucht, Kaufsucht, Internetsucht, Bulimie

⑤

Lösungsvorschlag:
a) etwas, was bei einer Tätigkeit helfen kann, z.B. ein Werkzeug
b) Medikament; etwas, was zur Heilung beiträgt
c) ein Mittel, das die (negative) Wirkung eines anderen Mittels verringert oder neutralisiert, z.B. in der Medizin Mittel gegen Schlangenbiss
d) etwas, was betäubt, damit man keinen Schmerz spürt, z.B. vor einer Operation
e) Medizin, die den Organismus, den Körper stärkt
f) Lösungen für ein Problem
g) z.B. der Bus, die U-Bahn, das Auto
h) ein Mittel, das einen Rausch verursacht, z.B. Alkohol oder Drogen. Der Rausch ist ein Zustand, in dem die Sinne nicht vollständig klar sind.

⑥

a) Suchtkrankheiten können zu starken gesundheitlichen Problemen führen.
b) In vielen Restaurants gibt es heute Raucherecken, weil es die Gäste verlangen.
c) Besonders auf Partys wird gern viel/gern und viel Alkohol getrunken.
d) Er nahm früher häufig gegen seine Kopfschmerzen starke Tabletten ein, heute verlässt er sich auf die heilende Wirkung der Meditation. / Er nahm früher häufig starke Tabletten gegen seine Kopfschmerzen ein, während er sich heute auf die heilende Wirkung der Meditation verlässt.
e) Schon im Alter von 15 Jahren war er abhängig von Heroin, das ihn zerstörte.
f) Obwohl sie täglich mehrere Beruhigungstabletten nimmt/nahm, bezeichnet/bezeichnete niemand sie als süchtig.

⑦

a) Herr Tobias könnte alkoholkrank sein.
b) Die Politiker müssen die Jugendlichen ausreichend über die Gefahren von Drogen informieren.
c) Du solltest weniger rauchen. Es schadet deiner Gesundheit.
d) Der Mann will keinen Kontakt zu einem Dealer gehabt haben.
e) Es dürfte bald ein Betäubungsmittel ohne Nebenwirkungen auf den Markt kommen.
f) Solltest du nicht einschlafen können, trink warme Milch.
g) Mögen die Leute denken, was sie wollen.
h) Man darf nicht rauchen.

18. Suchtkrankheiten / 19. Kriminalität

8

Lösungsvorschlag:
a) in eine gefährliche Lage kommen
b) nicht mehr in Gefahr sein
c) ein Risiko eingehen
d) bewusst in eine gefährliche Situation kommen
e) eine Sache, die potenziell eine Gefahr darstellt, z.B. eine defekte Steckdose
f) ein Bereich oder Gebiet, in dem es gefährlich sein könnte
g) auf eigene Verantwortung
h) nicht gefährlich, ohne Gefahr

9

a) Banken   b) Wörter   c) Worte   d) Sträuße   e) Muttern   f) Bänke   g) Ausdrücke

10

a) Der   b) der   c) das   d) das   e) der   f) Die

19. Kriminalität

1

Lösungsvorschlag: Armut, Rache, kriminelle Energie, Habgier, Eifersucht

2

Einbruch, Diebstahl, Raub, Mord, Totschlag, Vergewaltigung, Betrug, Unterschlagung, Terrorakte

3

a) die Strafe wird im Gefängnis verbüßt, der Täter verliert also seine Freiheit
b) der Täter muss einen Geldbetrag als Strafe zahlen
c) der Täter wird für seine Tat getötet
d) der Täter verliert wegen seiner Tat die Bürgerrechte, z.B. das Wahlrecht

4

1 b)   2 a)   3 d)   4 e)   5 i)   6 g)   7 h)   8 c)   9 f)

6

a) beklagte   b) klagt   c) einklagen   d) verklagen   e) angeklagt   f) beklagte

7

a) vor   vor Gericht stehen
b) vor ... zu Gnade vor Recht ergehen lassen / verurteilen zu + D
c) nach   nach dem Gesetzbuch
d) auf / für   plädieren auf + A / für + A

e) gegen gegen ein Urteil Revision einlegen
f) gegen der Prozess gegen + A

8

a) Der junge Mann steht unter dem Verdacht, Autos zu stehlen / Autos gestohlen zu haben.
b) Die Gegend um den New Yorker Central Park ist schon vor langer Zeit in Verruf gekommen.
c) Der Detektiv äußert/äußerte den Verdacht, dass zwei Frauen die Bank überfallen haben/hätten.
d) Die Staatsanwaltschaft erhebt/erhob Anklage wegen Diebstahls.
e) Die Gewalttat nahm durch das Eingreifen der Polizei ein blutiges Ende.
f) Der Verbrecher leistete / Die Verbrecher leisteten bei der Festnahme Widerstand.

9

a) Die Geschworenen sollten innerhalb sehr kurzer Zeit eine Entscheidung treffen.
b) Für diese Verhandlung spielte es eine Rolle, dass der Angeklagte nicht vorbestraft war.
c) Der Zeuge musste am Anfang einen Eid leisten, dass er die Wahrheit sagt.
d) Nach seinen Misserfolgen als Strafverteidiger zog der Rechtsanwalt die Konsequenz und wechselte den Beruf.
e) Der Richter und die Schöffenrichter fassten gemeinsam den Beschluss, in diesem Fall die Strafe zu erlassen.
f) Die Öffentlichkeit hatte erwartet, dass der Richter ein strenges Urteil fällen würde.

10

a) Mein Anwalt riet mir davon ab auszusagen.
b) Sie lehnte es ab, die Fotos der Verdächtigen durchzusehen. / Sie weigerte sich, die Fotos der Verdächtigen durchzusehen.
c) Er leugnete, die junge Frau gekannt zu haben.
d) Der Angeklagte weigerte sich auszusagen. / Der Angeklagte lehnte es ab auszusagen.
e) Der Richter verzichtete darauf, die Zeugin vortreten zu lassen, als er ihre Behinderung bemerkte.
f) Die Passanten hinderten den Täter daran, zu fliehen.

20. Mitmenschen

1

Lösungsvorschlag: durch das Fernsehen, durch den Geschichtsunterricht, durch die Bekanntschaft mit Mitgliedern dieser Gruppe, durch Aussagen anderer im Familien- oder Bekanntenkreis

5

a) geizig b) kühl c) misstrauisch d) selbstbewusst e) stolz f) konservativ g) unkalkulierbar h) vorsichtig i) gleichgültig j) ruhig

6

a) neigte neigen zu + D
b) bekannt bekannt sein für + A
c) gilt gelten als
d) gehalten halten für + A
e) haben den Ruf den Ruf haben zu + Infinitiv
f) angesehen an/sehen als
 beurteilt beurteilen als
 eingeschätzt ein/schätzen als
g) verschrieen verschrieen sein als
 verrufen verrufen sein als
h) betrachten betrachten als
i) beurteilen beurteilen als
 ansehen an/sehen als
 einschätzen ein/schätzen als
 betrachten betrachten als
j) eingeschätzt richtig / falsch ein/schätzen

20. Mitmenschen / 21. Entwicklungshilfe

7

a) Seit seiner Rückkehr aus Deutschland hat er keinen Kontakt zu mir aufgenommen.
b) Durch meine häufigen Reisen habe ich viele Erfahrungen mit Hotels.
c) Bis zu meinem ersten Österreichbesuch hatte ich nie österreichisches Essen probiert.
d) Wegen seiner ständigen Korrektheit finden ihn die anderen kühl.
e) Vor dem Kennenlernen eines Landes äußere ich meine Meinung darüber nicht.
f) Bei meiner Ankunft in Aachen fiel mir auf, wie freundlich alle Menschen waren.

8

Lösungsvorschlag:
a) Der Wunsch, mittags zu schlafen, ist die Folge von der großen Hitze.
b) Zu dem Misstrauen Fremden gegenüber kommt es durch schlechte Erfahrungen.
c) Das starke Bedürfnis nach Sicherheit lässt sich dadurch erklären, dass vieles im Leben unkalkulierbar ist.
d) Ihre Unsicherheit lässt sich auf ihre Misserfolge zurückführen.
e) Deine Lustlosigkeit ist mit deinen schlechten Noten zu erklären.
f) Ein warmer Frühling hat eine frühe Obstblüte zur Folge.
g) Unsere guten Zeugnisse lassen sich mit unserem Lerneifer begründen.
h) Der Grund für Mozarts große Beliebtheit liegt in seiner Vielfältigkeit.
i) Sein detailliertes Wissen beruht auf seinem intensiven Studium.
j) Meine Meinung basiert auf Informationen aus den Medien.

9

1. missverständlich   2. intolerant, inkompetent, indiskret, inaktiv, informell, inhuman
3. illegitim, illiberal, illoyal   4. diskontinuierlich, disharmonisch   5. irrational, irregulär, irreparabel
6. immateriell   7. amusisch, asozial

21. Entwicklungshilfe

1

Lösungsvorschlag:
a) (= Länder, deren Technologien, Infrastruktur und Wirtschaft stark entwickelt sind)
   z.B. USA, Japan, die westeuropäischen Länder
b) (= Länder, die sich wirtschaftlich dynamisch entwickeln, deren Bevölkerung einen ständig wachsenden Lebensstandard genießt und die in absehbarer Zeit zu den Industrieländern gehören werden)
   z.B. Malaysia
c) (= Länder, deren Wirtschaft und Industrie kaum entwickelt sind und deren Landwirtschaft nicht genug für die Ernährung der eigenen Bevölkerung produziert)
   z.B. Nepal, Elfenbeinküste

2

Der Begriff „Dritte Welt" entstand zur Zeit des Kalten Krieges, als es noch den „Ostblock" und den „Westen" gab. Damals war die „Erste Welt" der kapitalistische Westen, die „Zweite Welt" bildeten die sozialistischen Staaten, und die „Dritte Welt" umfasste die weniger einflussreichen, ärmeren Entwicklungsländer. Da sich diese Länder in ihrem Entwicklungsniveau, den kulturellen Voraussetzungen usw. sehr stark voneinander unterscheiden, sprechen Entwicklungstheoretiker mittlerweile auch von einer „Vierten Welt", die die ärmsten der armen Länder beinhaltet, in denen nur sehr geringe Entwicklungschancen bestehen, z.B. Afghanistan, Bangladesch, einige Staaten Ostafrikas und der Sahel-Zone.

21. Entwicklungshilfe

3

Lösungsvorschlag: Spenden (Geld, Güter, Medikamente) / niedrig verzinste Darlehen / Finanzierung der Ausbildung einheimischer Lehrer, die ihr Wissen weiterreichen / Betreuung von Projekten zur Intensivierung der Landwirtschaft (Bau und Inbetriebnahme von Bewässerungssystemen)

4

Lösungsvorschlag: Gelder gehen in der Verwaltung verloren / Projekte werden nicht dem Zeitplan gemäß abgeschlossen und deshalb nicht weiter finanziert / Uneinigkeit über Anwendung der Gelder

6

a) Obwohl ein neues Bewässerungssystem aufgebaut worden war / aufgebaut wurde, wollten die Bauern lieber ihre alten Pumpen benutzen.
b) Die Provinzverwaltung beantragte einen Millionenkredit, um das Familienplanungsprojekt durchzuführen.
c) Erst nachdem die Schnellstraße durch den Regenwald gebaut worden war, beobachteten die Wissenschaftler, dass sich viele Tiere in andere Gebiete zurückzogen.
d) Dadurch dass / Weil sich der Finanzminister eingesetzt hatte, konnten die Entwicklungshilfegelder erhöht werden.
e) Die Hilfsgüter konnten nur verspätet geliefert werden, weil es im Notstandsgebiet starke Regenfälle gab/gegeben hatte / stark regnete.
f) Es gestaltet sich sehr kompliziert, die abgebrochenen diplomatischen Beziehungen wiederherzustellen.

7

a) Das Team von/der „Ärzte ohne Grenzen" nimmt nächsten Monat seine Tätigkeit auf.
b) Die Entwicklungshilfeexperten verschaffen/verschafften sich einen Überblick über das Projekt.
c) Gestern führten die Verantwortlichen Gespräche über den Aufbau der Infrastruktur.
d) Die guten Ergebnisse des Alphabetisierungsprogramms lassen uns Mut fassen.
e) Die Einheimischen schenken/schenkten den ausländischen Experten kein Vertrauen, weil sie ihre Sprache nicht sprechen/sprachen.
f) Das neue Schulungsprojekt für Landwirte zeigt/zeigte schon nach kurzer Zeit Erfolg.

8

a) kommen gut voran   b) kann sich die Landwirtschaft gut entwickeln   c) voranzuschreiten   d) aufgebaut
e) nicht vorwärts kommt   f) schreitet ... fort

9

a) um — bitten um + A
   über — sich hinweg/setzen über + A
b) von — betroffen sein von + D
   auf — auf der Basis
c) an — adressieren an + A
d) an — an/knüpfen an + A
   an — sich orientieren an + D
e) von — leben von + D
f) von
   mit — konfrontieren mit + D

10

a) uralt   b) erzkatholisch   c) hypermoderne   d) Hochaktuellen   e) Tiefreligiöse   f) todmüde   g) ultralinks
h) bitterkalt   i) hochempfindlichen

22. Gentechnologie

1

die Manipulation der Gene bzw. Erbanlagen bei Lebewesen und Pflanzen

2

Lösungsvorschlag: in der Biologie, in der Medizin, bei der Erzeugung von Nahrungsmitteln

4

a) Um einen Missbrauch der Gentechnologie zu vermeiden, müssen einheitliche internationale Standards etabliert/eingeführt/eingehalten werden.
b) Es gibt Wissenschaftler, die nicht in diesem Bereich forschen wollen.
c) Immer wieder wird darüber diskutiert, wie sich die Gentechnologie entwickeln mag. / Wie mag sich die Gentechnologie wohl entwickeln?
d) Eine bekannte Firma soll ein neues Medikament mit Hilfe der Gentechnologie entwickeln.
e) Die Gentechnologie dürfte sich rasch entwickeln.
f) Im kommenden Jahr soll (Regierungskreisen zufolge) mehr Geld für die Forschung ausgegeben werden.

5

a) von ... im – ab/raten von + D
b) in ... auf – aufmerksam machen auf + A
c) nach ... auf – auf das Konto überweisen
d) in ... auf ... in – hin/weisen auf + A, in Zukunft
e) mit ... auf ... vor – sich beschäftigen mit + D, spekulieren auf einen Gewinn, zurück/scheuen vor + D
f) an ... gegen ... mit – grenzen an + A, der Verstoß gegen + A, sich heraus/reden mit + D

6

a) Einwilligung, Zustimmung, Genehmigung ↔ Verbot, Untersagung
b) Beginn, Start, Eröffnung, Auftakt ↔ Ende, Schluss, Abschluss
c) Vergeltung, Gegenmaßnahme, Revanche, Heimzahlung ↔ Vergebung, Verzeihung, Entschuldigung
d) Vermögen, Besitz, Wohlstand ↔ Armut, Not, Mittellosigkeit, Mangel

7

a) Die Forscherin war auf den großen Erfolg des Klon-Versuchs nicht vorbereitet.
b) Viele Vertreter der Kirche üben/übten starke Kritik an den Experimenten mit lebenden Zellen.
c) Die Mitglieder dieser Kommission versuchen/versuchten, gesetzliche Richtlinien für Experimente mit lebenden Zellen zu erarbeiten.
d) Dieses Institut beschäftigt sich mit genmanipulierten Pflanzen, die in den Tropen wachsen können.
e) Viele Ernährungsexperten machen sich Sorgen darüber, dass manche gezüchteten Tiere plötzlich erkranken. / Viele Ernährungsexperten machten sich Sorgen, als plötzlich manche gezüchteten Tiere erkrankten.
f) Die Genforschung sollte/soll (dabei) helfen, erbliche Krankheiten unter Kontrolle zu bekommen.

8

a) endlich b) Schließlich c) Schließlich d) endlich e) schließlich f) endlich g) schließlich h) endlich
i) schließlich j) endlich k) schließlich

23. Frieden

①

Lösungsvorschlag:
Frieden: friedlich, friedliebend, besänftigend, aufbauend, gewaltfrei
Krieg: kriegerisch, angreiferisch, brutal, zerstörend, zerstörerisch, gewalttätig

②

Lösungsvorschlag: Friedensgespräche, Friedensverhandlungen, Friedensvertrag, Friedenstruppe, Friedenspfeife, Friedensdemonstration

③

Lösungsvorschlag: Austauschprogramme für Jugendliche, Studenten usw. / Informationen über Kultur und Alltag der fremden Nation / vorurteilsfreie Berichterstattung

⑤

a) schließen   b) erklärte   c) geführt   d) herrscht   e) fielen   f) einhalten

Erklärungen dazu:

a) **Frieden schließen** – mit Verträgen offiziell beschließen, dass der Frieden eingehalten wird
Nach langen Verhandlungen schlossen Ägypten und Israel in den 70er-Jahren Frieden.

b) **die Kapitulation erklären** – offiziell sich einem Feind oder Gegner ergeben und die kriegerischen Handlungen einstellen
Weil die Offiziere merkten, dass sie den Krieg nicht mehr gewinnen konnten, rieten sie ihrem König, die Kapitulation zu erklären.

c) **Krieg führen** – mit militärischen Mitteln kämpfen
In der Wüste wurde oft wegen der Wasserrechte Krieg geführt.

d) **Krieg herrscht** – im Zustand des Krieges sein
Im Mittelalter herrschte jahrelang Krieg wegen religiöser Uneinigkeit.

e) **im Krieg fallen** – im Krieg während eines Kampfes als Soldat sterben
Viele Soldaten fielen in der Schlacht um Stalingrad.

f) **den Waffenstillstand einhalten** – sich an die Vereinbarungen halten und während einer bestimmten Zeit nicht kämpfen
Die beiden Führer der zerstrittenen Parteien versprachen, drei Tage lang den Waffenstillstand einzuhalten.

⑥

a) Die neuen politischen Maßnahmen stießen überall auf starke Kritik. / An den neuen politischen Maßnahmen wurde überall starke Kritik geübt.
b) Als sich die feindliche Truppe näherte, ergriff die Bevölkerung die Flucht.
c) Bismarck kam im Jahre 1815 zur Welt.
d) Niemand schenkte dem Kriegsverletzten, der am Straßenrand bettelte, Beachtung.
e) Der Fernsehreporter zeigte kein Verständnis für die Probleme der beiden Bürgerkriegsparteien. / Der Fernsehreporter brachte kein Verständnis für die Probleme der beiden Bürgerkriegsparteien auf.
f) Im Krisengebiet herrscht Mangel an Medikamenten.

23. Frieden

7

a) für / um   kämpfen für / um + A
b) mit   kämpfen mit + D
c) für ... gegen   kämpfen für + A / gegen + A
d) in   jdn. in die Flucht schlagen
e) In / Bei
f) zu   zu der Überzeugung kommen

8

a) Bevor das Friedensabkommen unterzeichnet wurde
b) Weil/Da das Sicherheitsrisiko sehr hoch ist
c) Weil ... die Parteifreunde ... dem zu unrecht inhaftierten Oppositionspolitiker solidarisierten
d) Aus Machthunger, Fanatismus und Gewinnsucht
e) Obwohl diese Waffen verboten wurden/worden sind/sind
f) Wenn die Einfuhr von Waffen sofort gestoppt wird / Wenn ab sofort keine Waffen mehr eingeführt werden

9

Überangebot = Angebot, das größer ist als die Nachfrage
Riesenangebot = sehr großes Angebot
Spitzenangebot = ausgezeichnetes Angebot

Blitzkrieg = Krieg, der sich schnell entscheidet

Fehlbuchung = fehlerhafte Buchung
Überbuchung = mehr Plätze als vorhanden werden gebucht

Blitzgespräch = sehr kurzes Gespräch
Spitzengespräch = Gespräch zwischen Staatsoberhäuptern

Urgestein = Gestein, das ungefähr in seiner ursprünglichen Form erhalten ist, z.B. Granit

Fehlanschluss = falsche Telefonverbindung
Hauptanschluss = die Telefonleitung, die direkt mit dem Telefonnetz verbunden ist

Nebenaufgabe = nicht so wichtige Aufgabe
Hauptaufgabe = wichtigste Aufgabe, die jemand hat

Übereifer = zu großer Eifer
Rieseneifer = sehr großer Eifer

Riesenschlange = sehr große, ungiftige Schlange, z.B. Boa

Hauptbeschäftigung = Beschäftigung, die den größten Teil der Zeit beansprucht
Nebenbeschäftigung = Beschäftigung, die nur einen kleinen Teil der Zeit in Anspruch nimmt

Hauptfach = wichtiges Fach in Schule oder Studium
Nebenfach = nicht so wichtiges Fach in Schule oder Studium

Fehlberechnung = falsche Berechnung

Spitzengehalt = sehr gutes Gehalt

Fehlbetrag = fehlender Betrag in der Kasse
Spitzenbetrag = sehr hoher Betrag
Hauptbetrag = der größte Teil des Gesamtbetrags

Spitzenkarriere = Karriere, die jemanden bis zum höchsten Posten führt
Blitzkarriere = sehr schnelle Karriere

24. Tradition

1

Sitten und Bräuche, die von Generation zu Generation weitergegeben werden und für ein Land oder eine Region typisch sind

2

Lösungsvorschlag:
in Europa: Weihnachten, Mittsommernacht (in Skandinavien), Ostern, das Tragen eines weißen Brautkleids bei der Hochzeit
Gefahr: häufiger Wohnortwechsel eines Teils der Bevölkerung, Streben nach einem „internationalen" Lebensstil

6

a) die gute Sitte   b) eine strenge Sitte   c) sittenwidrig   d) die schlechten Sitten   e) raue Sitten   f) neue Sitten

7

a) Der Familienvater legt Wert darauf, dass alle Familienmitglieder am Weihnachtsfest teilnehmen.
b) Auf diesem Folklorefest werden/wurden der Reihe nach alte Tänze vorgeführt.
c) Der Vortrag über die Sitten und Bräuche der Einwohner Balis stößt/stieß auf großes Interesse.
d) Das traditionelle Rodeo-Reiten erfreut sich bei jungen und alten Leuten auch heute noch großer Beliebtheit.
e) Viele heidnische Rituale gerieten nach der Verbreitung/durch die Verbreitung des Christentums in Vergessenheit. / Viele heidnische Rituale sind nach der Verbreitung/durch die Verbreitung des Christentums in Vergessenheit geraten.
f) In China war es den Bräuten nicht erlaubt, einen Blick auf ihren Bräutigam zu werfen.

8

a) bewahren / erhalten   b) erhält ... aufrecht   c) zu erhalten   d) wieder zu beleben   e) fortbestehen
f) konserviert

9

a)	auf	sich besinnen auf + A
b)	für	sich begeistern für + A
c)	an	verlieren an + D
d)	aus	stammen aus + D
e)	aus ... in	übersetzen aus + D, in + A
f)	gegen	die Abneigung gegen + A
	vor	verbergen vor + D

10

a) viele ... viel   b) viel   c) sehr   d) vielen ... sehr   e) viel   f) Viele ... (sehr) vielen

25. Aussteiger und Randgruppen

1

Lebensformen, die sich entscheidend von der Lebensform der gesellschaftlichen Allgemeinheit unterscheiden

2

Ihnen gefallen manche Gewohnheiten und Lebensweisen der Gesellschaft nicht, deshalb wollen sie für sich eine andere Lebensform verwirklichen.

3

Lösungsvorschlag: Selbstbewusstsein, Mut, Entscheidungskraft, Abenteuerlust, finanzielle Unabhängigkeit

4

Lösungsvorschlag: Jesus Christus, Buddha

5

Lösungsvorschlag: Obdachlose, Behinderte, Suchtkranke
Nur die Aussteiger haben sich freiwillig in diese Lage gebracht, nur sie sind nicht hilfsbedürftig.

8

a) unterscheiden b) anpassen c) distanzieren / distanzierten d) abgekapselt e) lehnten ... auf
f) identifizieren g) abheben h) unterscheidet

9

a) zu	kommen zu + D	d) von	von Interesse sein
b) in	jdn. in Erstaunen versetzen	e) mit	in Zusammenhang stehen mit + D
c) an	Gefallen finden an + D	f) in	in der Lage sein
auf	verzichten auf + A	aus	die Konsequenzen ziehen aus + D

10

a) Elite b) Elite c) Ausgestoßener d) Außenseiter e) Aussteiger f) Randgruppe

11

a) Durch seine Behinderung / Wegen seiner Behinderung fühlt/fühlte er sich von der Gesellschaft ausgeschlossen.
b) Die Bürgermeisterin engagiert sich für ein neues Obdachlosenheim, das ein Verein im Stadtzentrum bauen will.
c) Er lehnte die Konsumgesellschaft ab und beschloss, in einer einsamen Gegend ohne Komfort und Kontakt mit der / zur Außenwelt zu leben.
d) Seine Kollegen stießen ihn wegen seines unkollegialen Verhaltens / seinem unkollegialen Verhalten aus und er nahm nicht mehr an gemeinsamen Aktionen teil.
e) Weil das Kind sich ausgestoßen fühlt/fühlte, wird/wurde es allen Menschen gegenüber verschlossen.
f) Die ausländische Studentin bemüht/bemühte sich, mit anderen Studenten Freundschaft zu schließen.

12

a) Deutsche b) Beamter c) Auszubildender d) Betrunkenen e) Vorsitzende f) Vorgesetzten

26. Menschenrechte und Gesetze

1

Lösungsvorschlag: seine Meinung frei äußern dürfen / reisen können, wohin man will / Gesetze haben für alle gleiche Geltung / Chancengleichheit für alle / Recht auf Arbeit / Privatsphäre muss geschützt sein / Parteienvielfalt / freie Berufswahl / freie und geheime Wahlen / keine Vorrechte für bestimmte gesellschaftliche Gruppen

2

Lösungsvorschlag: für mehr Mitmenschlichkeit sorgen / an politischen Veranstaltungen teilnehmen / für Benachteiligte und Schutzlose eintreten / alten Menschen helfen / Ausländer als gleichberechtigt ansehen und so behandeln / seine Meinung äußern / Schwächere schützen, für sie Geld oder Sachen spenden

3

Artikel 1: Der Mensch muss als Persönlichkeit respektiert werden.
Artikel 2: Jeder Mensch darf seine Persönlichkeit entwickeln.
Artikel 3: Gesellschaftliche Stellung, Geld, Besitz, berufliche Position, Hautfarbe, Religionszugehörigkeit usw. dürfen vor dem Gesetz keine Rolle spielen.
Artikel 4: Jeder hat das Recht auf seine persönliche Meinung und kann nach seiner Religion und seinen Überzeugungen leben.
Artikel 5: Jeder darf seine Meinung sagen, veröffentlichen oder darstellen.
Artikel 10: Briefe usw. dürfen von dritten Personen nicht geöffnet werden, Telefonate dürfen nicht abgehört werden.

5

Lösungsvorschlag:
a) unterschreiben / unterstützen b) anschließen c) teilnehmen d) Leserbrief e) unterstützen / gründen / ins Leben rufen f) verfassen / verteilen / schreiben / drucken g) beitreten h) beschweren i) gegen

6

a) Die Menschenrechte gelten für alle Menschen, gleichgültig ob sie reich oder arm sind.
b) „Amnesty International" setzt sich für die Rechte der Menschen auf der ganzen Welt ein.
c) Rosa Luxemburg kämpfte für die Rechte der Arbeiter und (für) das Wahlrecht der Frauen.
d) Auch Staaten in Europa verstoßen immer wieder gegen (die) Menschenrechte.
e) (Die) Menschenrechte sollen/sollten in der Verfassung verankert sein, um den Schutz der Bürger zu garantieren.
f) Da der Politiker gegen das Grundrecht des Briefgeheimnisses verstoßen hat, muss/musste er zurücktreten.

26. Menschenrechte und Gesetze / 27. Vorurteile

7

a) jdm. abraten von + D ↔ jdm. zuraten
b) jdn. entlassen ↔ jdn. einstellen
c) jdn. fördern ↔ jdn. behindern
d) siegen ↔ verlieren
e) jdn. verurteilen ↔ jdn. freisprechen

8

a) In vielen Ländern werden politisch Andersdenkende leider immer noch unter Druck gesetzt. / In vielen Ländern wird leider immer noch Druck auf politisch Andersdenkende ausgeübt.
b) Menschenrechtsorganisationen stellen seit Jahren die Forderung nach Einhaltung der Menschenrechte.
c) Die Regierung zog die Aufrichtigkeit des Reporters in Zweifel.
d) Menschenrechtskomitees tragen Sorge dafür, dass die Menschenrechte eingehalten werden.
e) Die amtierende Regierung schenkte der Studie der ökologischen Partei keine Beachtung.
f) Das Verfassungsgericht vertrat den Standpunkt / stand auf dem Standpunkt, dass das Sendeverbot der Reportage gegen das Recht der freien Meinungsäußerung verstoße.

9

– auf keinen Fall
– auf jeden Fall / auf alle Fälle
– Im Falle ... Für alle Fälle ... Für den Fall
– hoffnungsloser Fall
– Von Fall zu Fall
– eindeutiger Fall

27. Vorurteile

1

ungeprüfte Verallgemeinerung, also eine vorgefasste negative oder positive Meinung über jemanden oder etwas

5

Lösungsvorschlag:
a) Vorurteil / festes Bild / Meinung, die nicht mit der Realität übereinstimmt
b) negative Vorstellung/Meinung bestimmten Personen oder Gruppen gegenüber
c) feindliches Verhalten am Arbeitsplatz / in der Schule einem Kollegen/Mitschüler gegenüber
d) starres, festes Bild von Personen oder Sachen
e) Person, die für alles Negative verantwortlich gemacht wird und oft von den anderen als Außenseiter betrachtet oder dazu gemacht wird
f) jdn. in eine bestimmte negative Rolle drängen/stigmatisieren
g) immer die gleiche Form habend / immer wieder/fest das gleiche tun oder sagen
h) einer Person/Gruppe die Schuld für etwas geben, sie verantwortlich machen für alles Negative

27. Vorurteile / 28. Sprache

6

a) riesig b) ewig c) glühend d) finster e) winzig f) ohrenbetäubend

7

a) das Land mehr liebt als das Wasser oder sogar Angst vor dem Wasser hat
b) Bezeichnung für einen Menschen, der oft Pech, Unglück hat
c) Bezeichnung für einen Menschen, der extrem ängstlich ist
d) Bezeichnung für einen Menschen, der gern und viel liest
e) Bezeichnung für einen Menschen, der schmutzig ist
f) Bezeichnung für einen Menschen, der gern auf Partys im Mittelpunkt steht
g) Bezeichnung für einen Menschen, der gern und viel liest
h) Bezeichnung für einen Menschen, der eine Brille trägt
i) Bezeichnung für einen Menschen, der sehr zärtlich ist
j) Hobby (= Nachbildung des englischen „hobby horse")

8

a) freigebig ↔ geizig
b) freundlich ↔ unfreundlich
c) menschlich ↔ herzlos
d) mitfühlend ↔ abgestumpft
e) hilfsbereit ↔ gleichgültig
f) selbstlos ↔ egoistisch

9

a) der Schuss (.) b) der Fuß (_) c) groß (_) d) der Kongress (.) e) der Kuss (.) f) der Fleiß (_)
g) misslingen (.) h) du lässt (.) i) der Gruß (_) j) der Fluss (.) k) das Missverständnis (.) l) messbar (.)
m) das Gässchen (.) n) Russland (.) o) wissen (.) p) nass (.) q) genießen (_) r) sie verließ (_)
s) außer Stande (_) t) er heißt (_)

28. Sprache

1

Lösungsvorschlag: Wissenschaftler, Diplomaten, Sekretärinnen, Hotelfachleute

5

a) unter Fachleuten und Spezialisten verwendete Sprache mit Fachwörtern
b) unter Mitgliedern eines Klubs, die eine einheitliche (künstliche) Weltsprache verbreiten wollen
c) Sprache, die Informatiker beherrschen / ein besonderer Code, mit dem Computerprogramme geschrieben werden, z.B. Pascal
d) die erste Sprache, die ein Mensch von der Mutter lernt / Sprache, die ihm am vertrautesten ist
e) eine der Hauptsprachen Indiens
f) Sprache, die im alltäglichen Kontakt mit anderen (vorwiegend mündlich) benutzt wird

28. Sprache / 29. Geld und Wirtschaft

6

a) das Baby / der Betrunkene
b) der Hund
c) der Löwe / jemand, der sehr laut spricht (z.B. aus Ärger oder Wut)
d) jemand, der sehr hoch singt oder ruft
e) die Katze
f) das Schaf
g) das Huhn / jemand, der albern lacht
h) der Hahn

7

a) vorsprechen ... aussprechen   b) sprachen ... aus   c) mitsprechen   d) versprochen   e) absprechen / besprechen   f) anzusprechen   g) besprechen / durchsprechen   h) versprochen   i) widersprechen   j) angesprochen

8

a) sprechen wollen   b) jdm. erlauben zu sprechen   c) über jdn. etwas Positives sagen   d) jdm. ungeprüft Glauben schenken / etwas ganz sicher glauben   e) etwas absichtlich falsch wiedergeben   f) ganz genau wiederholen   g) jdn., der gerade spricht, unterbrechen

9

a) Peter und Maria küssten einander auf der Straße.
b) Der Dirigent will, dass die Orchestermitglieder einander achten.
c) Mein Vater und mein Großvater können sich nicht miteinander unterhalten, sie streiten immer.
d) Die Lexika stehen nebeneinander, und trotzdem konnte ich das Spanisch-Deutsch-Lexikon nicht finden.
e) Mein Französischlehrer und mein Lateinlehrer sind aufeinander wütend, weil beide glauben, der andere gebe zu viele Hausaufgaben auf.
f) Meine Schwester und ich haben lange nichts mehr voneinander gehört, wir schreiben selten Briefe.

29. Geld und Wirtschaft

1

Lösungsvorschlag: der Weg, den das Geld nimmt, wenn es von einem Besitzer an den nächsten weitergegeben wird / der Zahlungsverkehr innerhalb einer Volkswirtschaft

2

ein Wertpapier, durch das der Inhaber am Grundkapital einer Aktiengesellschaft beteiligt ist

4

a) ausgeben   b) verkaufen   c) sparen

5

a) Die unsachlichen Prognosen über den zukünftigen Verlauf des Aktienkurses stießen vielfach auf Kritik.
b) Die Politiker und die Manager großer Firmen tragen in hohem Maß Verantwortung für die wirtschaftliche Entwicklung eines Landes.

29. Geld und Wirtschaft / 30. Historische Persönlichkeiten

c) Der Vorstand zog in Betracht, weitere Aktien auszugeben.
d) Ein Börsenexperte leistete dem Kunden Hilfe dabei, sich für den Kauf bestimmter Aktien zu entscheiden.
e) Der Wirtschaftsminister hofft, dass die Bevölkerung der neuen Zinspolitik der Zentralbank Vertrauen schenkt.
f) Die Politiker der Regierungspartei sind sicher, dass der letzte Kurseinbruch bei den Aktionären schnell in Vergessenheit gerät.

6

a) an ... für   an der Börse spekulieren
b) zu ... von   etw. anbieten zu dem Preis von + D
c) aus   jdn. aus der Ruhe bringen
d) über   informiert sein über + A
e) auf   angewiesen sein auf + A
f) von ... auf ... um   schießen von + D, auf + A / steigen um + A

7

a) Die wirtschaftliche Lage eines Landes hängt von vielen Faktoren ab.
b) Regelmäßige Treffen der Politiker sind eine Voraussetzung für das Gelingen der Wirtschaftspolitik auf internationaler Ebene.
c) Wer weiß, welche Veränderungen noch auf uns zukommen?
d) Der Anleger beobachtet/Die Anleger beobachten die täglichen Börsenkurse mit gemischten Gefühlen. / Der Anleger beobachtet/Die Anleger beobachten täglich die Börsenkurse mit gemischten Gefühlen.
e) Experten halten die deutsche Währungsunion von 1990 für ein gelungenes Unternehmen.
f) Viele Zeitungsleser befassen sich heute intensiver mit den Wirtschaftsnachrichten, weil/da sie selbst Wertpapiere besitzen.

8

a) schaffte   b) schaffte   c) schuf   d) schaffte   e) schaffte   f) schuf   g) schaffte   h) schafften

9

a) Gutes   b) Schönes   c) Voraus   d) langem   e) Allgemeinen   f) weiteres

30. Historische Persönlichkeiten

Die auf Seite 281 abgebildeten Persönlichkeiten sind von links nach rechts: Nelson Mandela, Evita Peron, Mahatma Gandhi, Albert Einstein, John F. Kennedy.

2

Lösungsvorschlag:
Eine „historische Persönlichkeit" ist eine Person, deren Taten, Erfindungen, Entdeckungen oder Werke schriftlich überliefert und für die geschichtliche Entwicklung besonders bedeutsam sind. Dabei kann es sich um einen Politiker, Forscher, Wissenschaftler, Künstler oder Entdecker handeln.

30. Historische Persönlichkeiten

4

a) Die Erfindung des jungen Forscherteams erregte bei allen Wissenschaftlern großes Aufsehen.
b) Die Musik Mozarts macht noch heute vielen Menschen/auf viele Menschen Eindruck.
c) Für die Verleihung des Friedensnobelpreises an eine Frieden stiftende Persönlichkeit trifft ein Gremium aus Fachleuten die Auswahl.
d) Sein weises Vorgehen fand bei allen Seiten Anerkennung.
e) Ein Wissenschaftler sollte seine Forschungen ständig in Frage stellen.
f) Bevor der Historiker die Arbeit über Napoleons größte Schlacht in Angriff nahm, las er alle von anderen dazu verfassten Artikel und Bücher.

5

a) Während seines Studiums/Durch sein Studium kam sein Talent zur Entfaltung.
b) Mutter Teresa nahm am Schicksal zahlreicher armer Menschen Anteil.
c) Manche früher berühmten Künstler sind in Vergessenheit geraten, weil sie nicht mehr dem heutigen Geschmack entsprechen. / Weil manche früher berühmten Künstler nicht mehr dem heutigen Geschmack entsprechen, sind sie in Vergessenheit geraten.
d) Die jungen Leute sollten sich an dem Fleiß Picassos ein Beispiel nehmen.
e) Willy Brandt übernahm die Verantwortung für einen Spionageskandal und trat zurück.
f) Christoph Kolumbus' Schiff nahm Kurs auf Indien und er entdeckte Amerika. / Das Schiff von Christoph Kolumbus nahm Kurs auf Indien und er entdeckte Amerika.

6

a) auf   fußen auf + D
b) Von   etw. erwarten von + D
c) aus   sich entwickeln aus + D
d) mit   sich entzweien mit + D
e) an   erkennen an + D
f) in   einteilen in + A

7

a) Entdeckerin b) Politikerin c) Star d) Initiatorin e) Forscherin f) Retterin g) Künstlerin h) Begründerin i) Schriftstellerin j) Musikerin

8

a) das heißt b) zum Beispiel c) et cetera d) und so weiter e) vor Christus f) nach Christus g) beziehungsweise h) Jahrhundert i) unter anderem / und anderes j) und Ähnliche (Ähnliches) k) vergleiche